Horses
Caballos

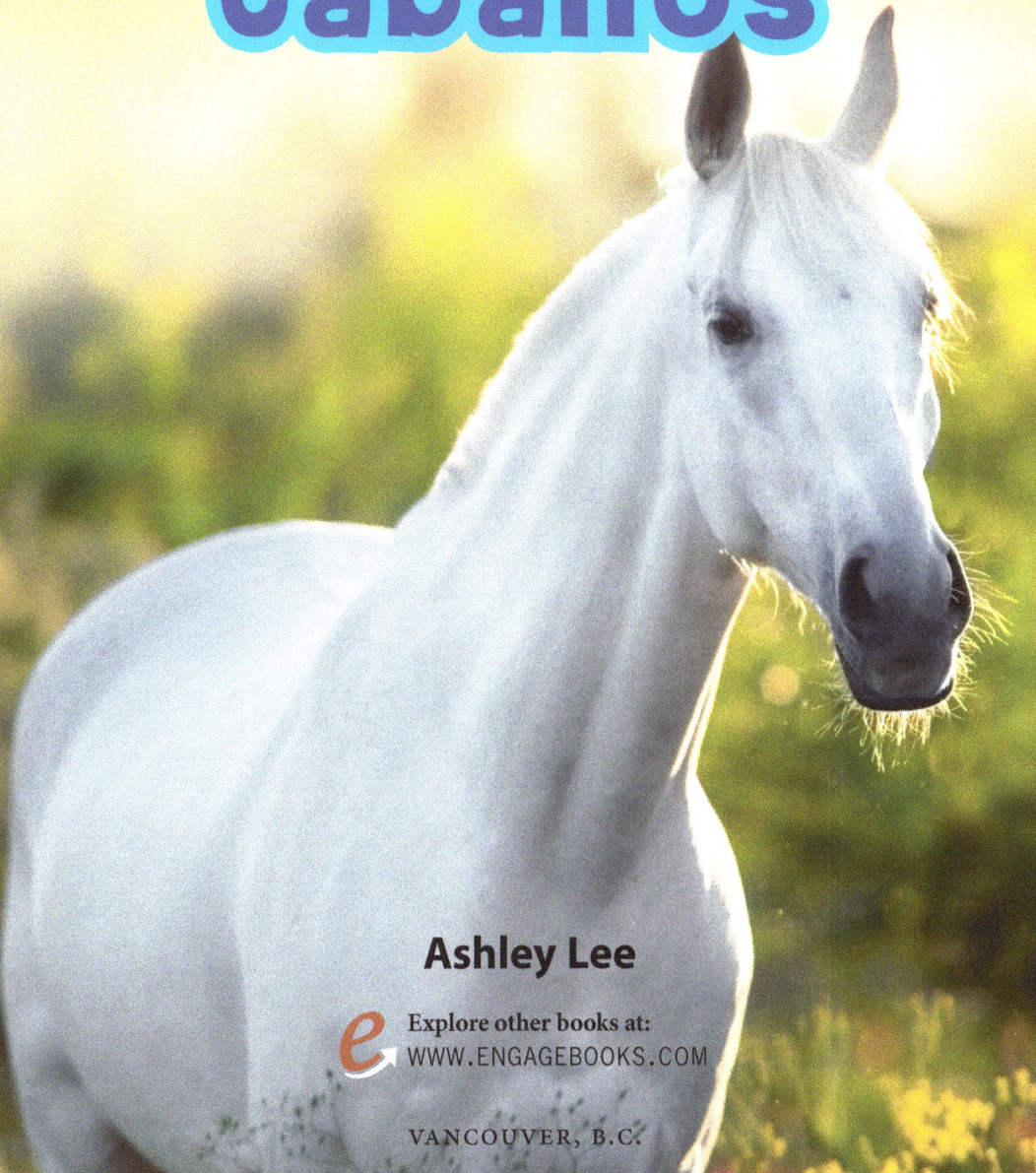

Ashley Lee

Explore other books at:
WWW.ENGAGEBOOKS.COM

VANCOUVER, B.C.

WWW.ENGAGEBOOKS.COM

Horses: Level 1 Bilingual (English/Spanish) (Ingles/Español)
Animals That Make a Difference!
Lee, Ashley 1995 –
Text © 2021 Engage Books
Edited by: A.R. Roumanis
and Lauren Dick
Translated by: Juan Ortega Aliaga
Proofread by: Andrés Cordero

Text set in Arial Regular.
Chapter headings set in Arial Black.

FIRST EDITION / FIRST PRINTING

LIBRARY AND ARCHIVES CANADA CATALOGUING IN PUBLICATION

Title: Animals That Make a Difference: Horses Level 1 Bilingual (English / Spanish) (Ingles / Español)
Names: Lee, Ashley, author.

ISBN 978-1-77476-394-0 (hardcover)
ISBN 978-1-77476-393-3 (softcover)

Subjects:
LCSH: Horses—Juvenile literature
LCSH: Human-animal relationships—Juvenile literature

Classification: LCC SF302 .L44 2020 | DDC J636.1—DC23

Contents Contenidos

What Are Horses?
Qué son los caballos?

Horses are big, strong animals.

Los caballos son grandes, animales fuertes.

Horses have lived with humans for thousands of years.
Los caballos han vivido con las personas por miles de años.

What Do Horses Look Like?
Cómo se ven los caballos?

Shires are the tallest horses. They are about 6.6 feet (2 meters) tall. The smallest horses are miniature horses. They are less than 3.3 feet (1 meter) tall.

Los Shires son los caballos más altos. Ellos miden cerca de 6.6 pies (2 metros) de altura. Los caballos más pequeños son los caballos miniatura. Ellos miden menos de 3.3 pies (1 metro) de altura.

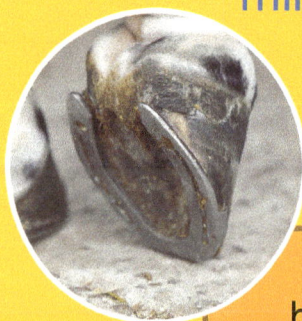

Horses' feet are protected by a hard nail called a hoof.
Las patas de los caballos están protegidas por una uña dura llamada pezuña.

6

Horses have long hair on their necks called a mane.
Los caballos tienen un pelo largo en sus cuellos llamado crin.

Horses have large teeth. A horse's age can be guessed by looking at its teeth.
Los caballos tienen grandes dientes. La edad de un caballo se puede intuir observando sus dientes.

Where Do Horses Live?
Dónde viven los caballos?

Many horses live on farms. They sleep in a stable. Some horses live in the wild. They sleep outside.

Muchos caballos viven en granjas. Ellos duermen en establos. Algunos caballos viven de manera silvestre. Ellos duermen afuera.

Clydesdales are large horses that come from Scotland. Hanovarians are strong horses that come from Germany. Paso fino horses come from Puerto Rico.

Los Clydesdales son caballos grandes que provienen de Escocia. Los Hannoverianos son caballos fuertes que provienen de Alemania. Los caballos de paso fino provienen de Puerto Rico.

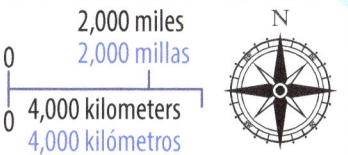

Scotland
Escocia

North America
Norteamérica

Atlantic
Ocean
Océano
Atlántico

Asia
Asia

Africa
África

Germany
Alemania

Puerto Rico
Puerto Rico

Pacific
Ocean
Océano
Pacífico

2,000 miles
2,000 millas

0

4,000 kilometers
0
4,000 kilómetros

N

Legend Leyenda
Land Tierra
Ocean Océano

Southern
Ocean
Océano
Antártico

9

What Do Horses Eat?
Qué comen los caballos?

All horses eat grass. Horses on farms also eat grain and hay.

Todos los caballos comen césped. Los caballos en las granjas también comen granos y heno.

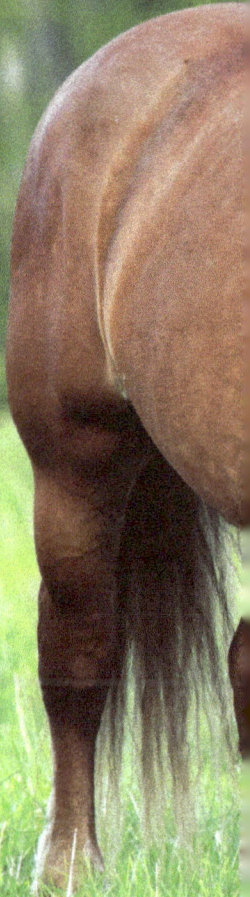

Horses spend up to 17 hours eating grass every day.

Los caballos pasan hasta 17 horas comiendo césped todos los días.

How Do Horses Talk to Each Other?

Cómo se comunican los caballos entre ellos?

Horses make many different sounds. They will neigh, whiny, or snort. People can tell what horses are feeling by looking at their ears.

Los caballos hacen distintos tipos de sonidos. Ellos relinchan, se quejan, braman. Las personas pueden notar que sienten los caballos con tan solo ver sus orejas.

A horse with its ears back is angry.

Un caballo con las orejas hacia atrás está molesto.

12

Horses are curious when their ears face forward.
Los caballos están curiosos cuando sus orejas miran hacia adelante.

Horses often make a snorting sound when they are excited.
Los caballos frecuentemente hacen un resoplido cuando están emocionados.

13

Horse Life Cycle
El ciclo de vida de un caballo

Baby horses are called foals.
Los caballos bebés son llamados potros.

One-year-old horses are called yearlings.
Los caballos de un año de edad son llamados potrillos.

Horses become adults when they are 4 years old.
Los caballos se convierten en adultos cuando tienen 4 años de edad.

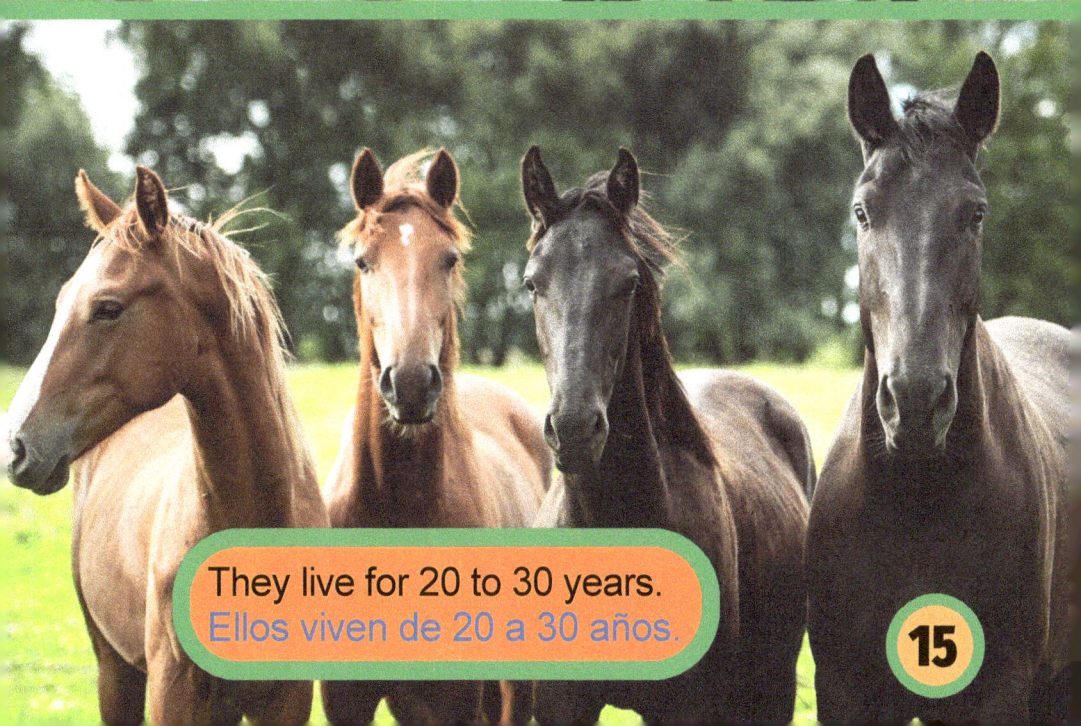

They live for 20 to 30 years.
Ellos viven de 20 a 30 años.

15

Curious Facts About Horses

The fastest known horse ran at a speed of 55 miles (88 kilometers) per hour.
El caballo más veloz conocido corrió a una velocidad de 55 millas (88 kilómetros) por hora.

A horse's eyes can see in two different directions at once.
Los ojos de un caballo pueden ver en dos direcciones distintas al mismo tiempo.

Horses can sleep standing up.
Los caballos pueden dormir parados.

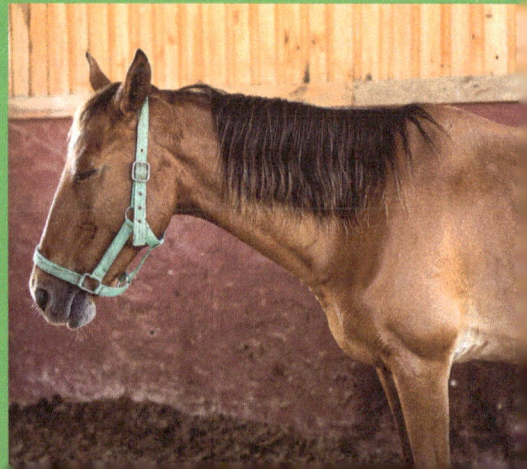

16

Datos curiosos acerca de los caballos

Horses cannot breathe through their mouths. They only breathe through their noses.
Los caballos no pueden respirar a través de sus bocas. Ellos solo pueden respirar a través de sus narices.

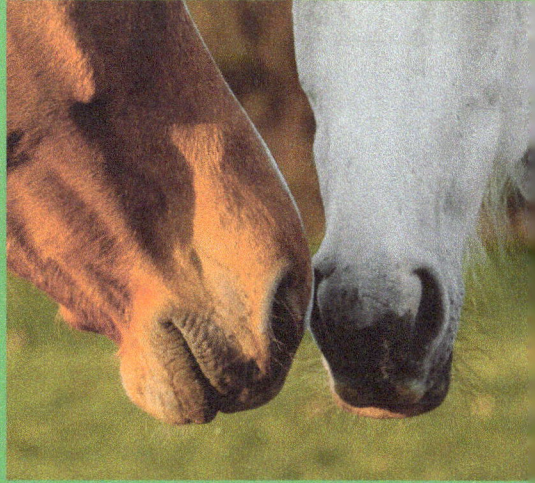

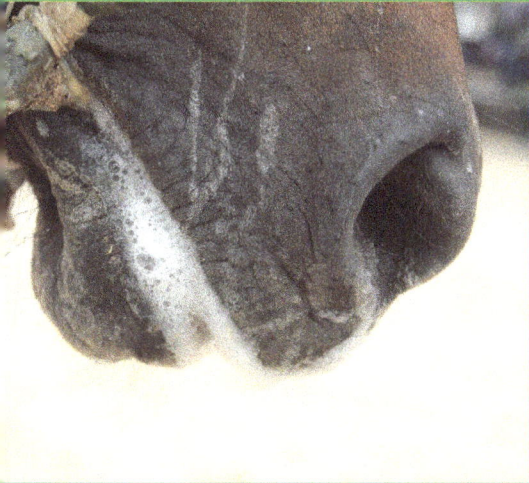

Horses make about 10 gallons (37 litres) of saliva every day.
Los caballos pueden producir cerca de 10 galones (37 litros) de saliva por día.

A horse can see behind itself without turning its head.
Los caballos pueden ver hacia atrás sin tener que girar su cabeza.

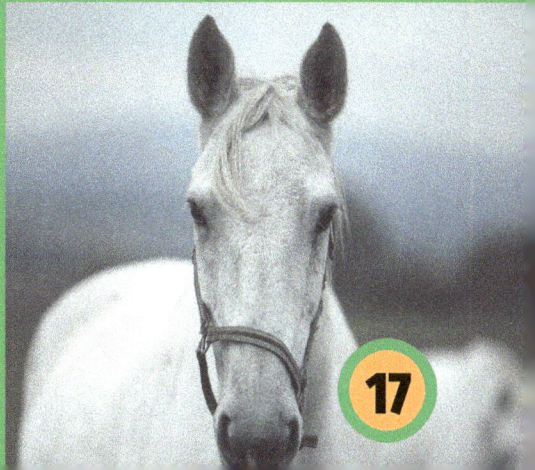

17

Kinds of Horses
Tipos de Caballos

Horses are related to zebras and donkeys. There are around 200 different kinds of horses. These are split into three groups.

Los caballos están relacionados con las cebras y los burros. Hay alrededor de 200 tipos distintos de caballos. Estos están separados en tres grupos.

Draft horses are used for carrying heavy farm loads.
Los caballos de tiro se emplean para cargar cosas pesadas en las granjas.

Light horses are used for riding.
Los caballos ligeros son utilizados para montar.

Ponies are the smallest horses. They are gentle and do not get tired easily.
Los ponis son los caballos más pequeños. Ellos son tiernos y no se cansan fácilmente.

How Horses Help Earth
Cómo los caballos ayudan al planeta

Many kinds of energy are harmful to Earth.

Muchos tipos de energía son dañinos para el planeta.

Horse manure can be turned into energy. This kind of energy does not harm Earth.

El estiércol de caballo puede ser convertido en energía. Este tipo de energía no daña al planeta.

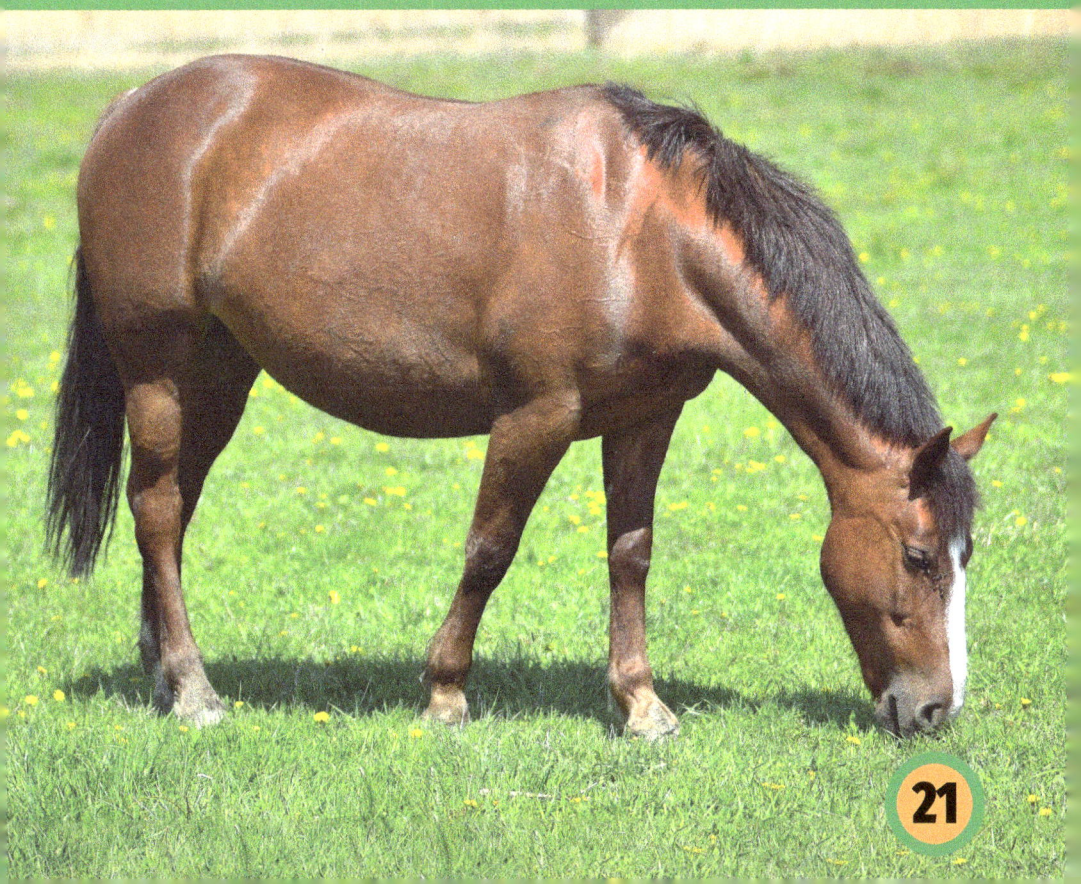

How Horses Help
Other Animals
Cómo los caballos ayudan a otros animales

Wild horses break the ice on lakes and rivers in winter.

Los caballos salvajes rompen el hielo en los lagos y ríos en invierno.

This gives smaller animals a place to drink. Many animals are not heavy enough to break through ice. Esto les permite tener a los animales más pequeños un lugar para beber. Muchos animales no son lo suficientemente pesados para romper el hielo.

23

How Horses Help Humans
Cómo los caballos ayudan a los seres humanos

Horses help farmers carry
heavy supplies.

Los caballos ayudan a los granjeros
a cargar provisiones pesadas.

Police horses are used in places like Canada. They help keep people safe. Los caballos policías son usados en lugares como Canadá. Ellos ayudan a cuidar a las personas.

Horses in Danger
Caballos en Peligro

Some horses are endangered. This means there are very few of them left. Algunos caballos están en peligro de extinción. Esto significa que solo hay unos cuantos de ellos.

Dales ponies were once used for carrying heavy loads. They are disappearing because machines are now used to carry heavy objects instead.

Los ponis Dales fueron usados alguna vez para transportar cargas pesadas. Ellos están desapareciendo porque las máquinas ahora están siendo utilizadas para transportar cargas pesadas.

How To Help Horses
Cómo ayudar a los caballos

Taking care of horses can cost a lot of money. Owners have to pay for their food and visits from the vet.

Cuidar a los caballos puede ser muy caro. Los dueños tienen que pagar por la comida y visitas del veterinario.

Many people take horse riding lessons to help support horses. This is also a great way to learn more about horses. Muchas personas toman clases de equitación para ayudar a los caballos. Esta es una gran manera de conocer más sobre los caballos.

Quiz
Cuestionario

Test your knowledge of horses by answering the following questions. The questions are based on what you have read in this book. The answers are listed on the bottom of the next page.

Pon a prueba tu conocimiento sobre los caballos respondiendo las siguientes preguntas. Las preguntas están basadas en lo que leíste en este libro. Las respuestas están listadas al final de la siguiente página.

1 What is the long hair on a horse's neck called?
Cómo se le llama al pelo largo del cuello del caballo?

2 How long do horses spend eating every day?
Cuánto tiempo gastan los caballos en comer cada día?

3 How long do horses live?
Cuánto tiempo viven los caballos?

4 What are horses related to?
Con quienes están relacionados los caballos?

5 What can horse manure be turned into?
En qué se puede convertir el estiércol de caballo?

6 How do horses help farmers?
Cómo los caballos ayudan a los granjeros?

Explore other books in the Animals That Make a Difference series.

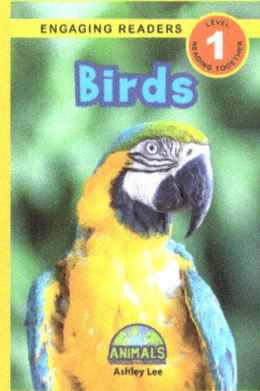

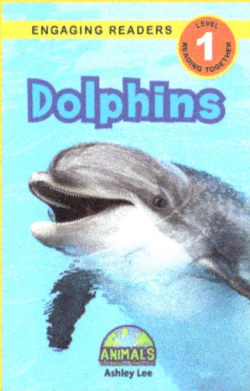

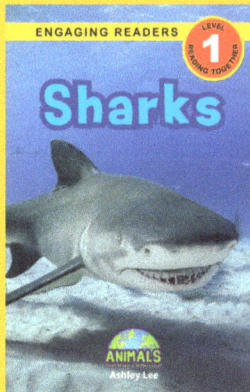

Visit www.engagebooks.com to explore more Engaging Readers.

Respuestas:
1. Crin 2. Cerca de 17 horas 3. De 20 a 30 años
4. Cebras y burros 5. Energía 6. Cargando provisiones pesadas

Answers:
1. A mane 2. Up to 17 hours 3. 20 to 30 years
4. Zebras and donkeys 5. Energy 6. By carrying heavy supplies

www.ingramcontent.com/pod-product-compliance
Lightning Source LLC
Chambersburg PA
CBHW051237020426
42331CB00016B/3411